Auf nach

Paris

Der perfekte Reiseführer für einen unvergesslichen Aufenthalt in Paris inkl. Insider-Tipps, Tipps zum Geldsparen und Packliste

Louise Hofmann

✈ INHALT

Was erwartet Sie in diesem Buch?

O b „die Hafenstadt" für Hamburg, „Big Apple" für New York oder Rom mit „die ewige Stadt" – viele Städte schmücken sich mit interessanten Beinamen. Die französische Hauptstadt hat wohl einen der schönsten und prägnantesten Namen: „die Stadt der Liebe". Doch warum wird sie so genannt? Wie übt Paris unter den Metropolen weltweit eine außergewöhnliche Faszination aus und lockt damit Millionen von Touristen jährlich an? Ist Paris weiterhin ein sicherer Ort, den man ohne Sorgen besuchen kann?

Dieses Buch klärt auf, was die einzigartige Stadt so besonders macht, von welcher außergewöhnlichen Geschichte sie geprägt wurde und wie die Kultur und das Leben der Pariser heute ausschaut. Hier bekommen Sie mit, welche Sehenswürdigkeiten und Orte Sie bei Ihrem nächsten Pariser-Städtetrip besuchen sollten, inklusive Insidertipps. Außerdem bekommen Sie hier interessante Anreise- und Übernachtungsmöglichkeiten geboten sowie weitere tolle Ratschläge, die Ihre Paris-Reise zu einem unvergesslichen Erlebnis macht.

Wissenswertes über Paris

Paris ist die Hauptstadt Frankreichs, in der die Landessprache Französisch ist. In der als Metropole der Kunst geltende Stadt leben ca. 2,3 Millionen Menschen, in der ganzen Metropolregion sogar knapp 12 Millionen. Das entspricht in etwa 19 % der Gesamtbevölkerung, die sich auf einer Gesamtfläche von nur 105 km^2 verteilt. Somit gehört Paris mit ca. 20000 Einwohnern pro Quadratkilometer zu den Hauptstädten mit der höchsten

Bevölkerungsdichte weltweit. Geografisch gesehen liegt die Metropole im Zentrum Frankreichs und gilt als eine „flache Stadt", da sie im Durchschnitt in etwa 65 Meter über dem Meeresspiegel liegt. Der höchste Punkt liegt bei ca. 130 Metern auf dem Hügel des berühmten Künstlerviertels Montmartre. Diese Bedingungen sorgen für gemäßigtes Klima, wo kaum extreme Temperaturen über das Jahr auftreten. Die Jahresdurchschnittstemperatur bewegt sich um die 15,5 Grad.

Frankreich gehört zur Europäischen Wirtschafts- und Währungsunion, weshalb die Landeswährung der Euro ist. Wirtschaftlich gesehen ist die Hauptstadt auch das Industrie-, Finanz- und Handelszentrum Frankreichs und gleichzeitig auch der Sitz der Regierung. Allein in diesem Ballungsraum wird über die Hälfte der gesamten Industrieproduktion erzeugt. Zu den wichtigsten Handelsgütern gehören Verbrauchsgüter, Lebensmittel, Parfüme, Luxusartikel und vor allem Produkte der Modeindustrie, weshalb Paris als Hauptstadt der Mode gehandelt wird. Große Unternehmen wie Louis Vuitton, Gucci oder Chanel haben dort ihren Sitz. Nicht zu vergessen ist die Tourismusbranche der Hauptstadt, die jährlich Millionen Touristen anlockt und mit regelmäßigen Messen oder Kongressen für eine hohe Nachfrage in den Hotelgewerben sorgt.

Die Stadt besteht aus 20 Stadtbezirken, die Arrondissements genannt werden. Die Bürger selbst nennen sie warmherzig „l'escargot", was übersetzt „die Schnecke von Paris" bedeutet. Der Grund dafür liegt in der Form der Nummerierung, die als Spirale auftritt. Der historische Stadtkern mit dem ersten Arrondissement findet sich in der Mitte der Schnecke. Dort befindet sich der größte Teil der bekannten Plätze, Gebäude und Denkmäler. Jeder Stadtbezirk setzt sich wiederum aus vier Quartiers zusammen, die ihre eigene Verwaltung besitzen. Jedes dieser Arrondissements ist berühmt für seinen eigenen Charme, da jedes einzelne eine einzigartige Architektur und Atmosphäre bietet. Paris wird oft nachgesagt, keine Grünflächen zu haben, dabei sind hier fast 400 Parks und Grünanalgen zu finden. Selbst botanische Gärten und einige Tierparks werden geboten. Zudem sind mit dem Bois de Vincennes und dem Bois de Boulogne auch zwei Stadtwälder zu finden.

Geschichte

„Und Gott schuf Paris" – so nannte der frühere bekannte deutsche Nachrichtenmoderator Ulrich Wickert eines seiner Bücher, in dem er Anekdoten über die Weltstadt schrieb. Die Geschichte von Paris war glanzvoll, ruhmreich, aber auch grausam zugleich. In diesem Kapitel wird Ihnen gezeigt, welche bedeutsamen Ereignisse zu der Entwicklung der französischen Hauptstadt beitrugen und zum Teil sogar die Menschheitsgeschichte prägten.

VORGESCHICHTE

Aktuelle Funde und Ausgrabungen beweisen, dass Sammler und Jäger im Bereich des 15. Arrondissements in improvisierten Anlagen Gegenstände wie Fellmäntel und Feuersteine produzierten. Diese verblieben wohl nur einige Wochen dort laut Wissenschaftlern. Etwa 7000 Jahre vor Christus soll es sogar ein Fischerdorf zwischen der Seine und der aktuellen Gare de Lyon gegeben haben.

Das erste längerfristige Lager soll es jedoch im 3. Jahrhundert in der „Ile de la Cité", eine Binneninsel in der Seine, gegeben haben. Diese Binneninsel ist somit der älteste Bestandteil der Stadt. Es soll das keltische Volk, die Parisiis, gewesen sein, welches die erste dauerhafte Siedlung gründete. Durch die römischen Eroberungen wurden fast alle Siedlungen der Kelten und Gallier im heutigen Gebiet der Franzosen besetzt, auch Paris. Dieser Ort wurde dann zu Lutetia Parisiorum, was übersetzt „die Insel der Parisii" heißt. Zu diesem Zeitpunkt war Lutetia weiterhin sehr stark gallisch veranlagt, was aber mit dem Vergehen von Jahrhunderten abnahm, weshalb dann eher von einer gallorömischen Stadt gesprochen werden muss. Damals wurde diese Lutetia bzw. Lutèce genannt. Durch die Machtzunahme von Bischöfen wurde die Stadt christlich und in etwa 250 n.Chr. wurden die ersten Kirchen erbaut. Letztendlich wurde im Jahr 360 Lutetia von Kaiser Julian Apostata in Paris umbenannt.

MITTELALTER

Das Mittelalter allgemein wurde von Kriegen und Belagerungen stark geprägt, so auch in Paris. Im 4. Jahrhundert galt sie als militärische Stadt und war von enormer Wichtigkeit für einen großen Teil Nordgaliens. Einige Kaisersoldaten hielten sich an der Nord- und Ostgrenze des Landes auf mit dem Ziel, den Vorstoß von germanischen Stämmen zu verhindern. 451 wurde die Stadt von dem Hunnenkönig bedroht, der mit einem riesigen Heer anmarschierte. Der römische Heermeister Aëtius konnte mit seinen germanischen Verbündeten eine Belagerung verhindern. Der Legende nach hatte die Schutzpatronin, die heilige Genoveva, einen erheblichen Anteil am Sieg. Sie soll mit ihren Gebeten und der Kraft ihrer Zuversicht den Einmarsch mit verhindert haben.

Im Jahre 508 jedoch fiel die Verteidigungsstellung gegen die Franken unter dem Herrscher Chlodwig. Dieser kürte Paris zu seiner Hauptstadt und verlegte seinen Regierungssitz dorthin. Dies hielt bis zum 8. Jahrhundert. Mit der Herrschaft von Karl dem Großen wurde Aachen zur Hauptstadt des Reichs ernannt. Mit dieser Entscheidung verlor Paris erheblich an Macht und Einfluss. 885 griffen die Normannen an, auch bekannt als Wikinger, und belagerten die Stadt. Dank der erfolggekrönten Verteidigung des Grafen Otto wurde dieser 888 zum König ernannt. Mit der Wahl Hugo Capets zum König des Fränkischen Reichs wurde Paris wieder zur Hauptstadt ernannt.

Paris erlebte zahlreiche Eroberungen, Katastrophen, Zerstörungen, aber auch Zeiten des Aufschwungs und des Wohlstands. Einen großen Anteil trugen die Gilden bei. Gilden sind ein Zusammenschluss von Kaufleuten, die Regelwerke aufstellten, um den Handel zu fördern und die Produktivität zu steigern. 1163 wurde schließlich der Bau der weltberühmten Kathedrale Notre Dame begonnen. 1190, unter der Regierung von Philipp II. Auguste, wurden die Grundbausteine für den Louvre gelegt. Anfang des 13. Jahrhunderts wurde die erste Universität in Paris eröffnet. Das führte dazu, dass die Hauptstadt des Frankenreichs zum Zentrum des Mittelalters heranwuchs. Unter der Führung des Königs Ludwig IX, der zwischen 1226 und 1270 regierte, wurde die Sainte Chapelle konstruiert und der Bau der Notre Dame weiter ausgedehnt. 1307 wurde der mächtige Tempelritter-Orden von König Phillip dem Schönen zerschlagen. Nach seinem Tod begann der Hundertjährige Krieg, der wegen der Erbthronfolge zwischen seinen Neffen und Enkeln stattfand.

Unter der Herrschaft von Karl V. wurde die Bastille erbaut und die Bürgerzahl wuchs auf 150.000 Einwohner.

Aufgrund des Bürgerkriegs zwischen 1408 und 1420 zwischen den Armagnaken und Burgundern konnten die Engländer Paris erobern. 1429 versuchte Karl VII. erfolglos, die Stadt zurück zu erobern, wobei sich auch die Berühmtheit Jeanne d'Arc beim Kampf an der Porte St. Honoré verletzte. Da Karl VII. erstmal sieglos blieb, konnte sich Heinrich VI. von England in der Notre Dame 1430 zum König ernennen lassen. Nach vergeblichen

Versuchen schaffte es Karl VII. 1437, den Thron zurück zu erobern.

FRÜHE NEUZEIT

1534 rief Ingnacio de Loyola den Montmartre zum Leben. 1572 war das Jahr der schrecklichen Bartholomäusnacht. In dieser wurden tausende französische Protestanten hinterhältig bei einer vorgespielten Hochzeit niedergemetzelt. Die auch genannte Pariser Bluthochzeit inspirierte die Macher der Kultserie Game of Thrones, die ein ähnliches Martyrium in der Serie vorspielten. Ende des 16. Jahrhunderts wurde die Pont Neuf, die zurzeit älteste Brücke der Stadt, gebaut. 1588 verjagte die katholische Liga König Heinrich III. Er kehrte schließlich mit seinem Verbündeten Heinrich von Navarra zurück, wurde aber bei der Zurückeroberung getötet. Ab diesem Zeitpunkt wurde Heinrich von Navarra König von Frankreich und deswegen zu Heinrich IV. unbenannt. In Paris wurde er erst 1594 anerkannt, als er zum Katholizismus konvertierte. Daher stammt die bekannte These „Paris ist eine Messe wert".
Erzbistum wurde Paris im Jahre 1622. 1635 wurde

die noch heute bestehende Kardinal Richelieu die Académie Française erbaut. Der „Sonnenkönig" Ludwig XIV. machte Versailles zu seinem Regierungssitz, nachdem in der Fronde zusammengeschlossene Adelige die Einwohner von Paris aufbrachten. Ludwig XV. erlang während seiner Herrschaft 1760 und 1780 Ruhm, indem er das Panthéon, den Place de la Concorde und die Ecole Militaire gründen ließ.

Mit dem Übergang in das 19. Jahrhundert erreichte die Pariser Bevölkerung erstmals die 500.000 Marke.

Am 14. Juli 1789 kam es zum Sturm auf die Bastille, die für viele als der Anfang der französischen Revolution gilt. Heute wird dieser Tag als der französische Nationalfeiertag gefeiert. 1793 wurde Ludwig XVI. auf dem Place de la Concorde enthauptet, nachdem er im August 1792 gestürzt worden ist. Mit dieser Wende wurde Frankreich zur Republik ausgerufen. Das Grauen hörte damit für die Pariser Einwohner nicht auf. Sie mussten die Tyrannei der Jakobiner unter der Regierung von Maimilien de Robesspierre über sich ergehen lassen. 1794 konnte sich die Bevölkerung von diesem Herrscher befreien und ihn enthaupten.

VON NAPOLEON BIS ZUR GEGENWART

1795 bekam Napoleon den Auftrag, den royalistischen Aufstand zu zerschlagen. Mit diesem Erfolg erhielt er die Führung über die Armee. Neun Jahre später ließ er sich schließlich in der Notre Dame zum Kaiser krönen. Zudem wurden mit dem Bürgerlichen Gesetzbuch, dem sogenannten „Code Civil", die adligen Privilegien abgeschafft. Napoleon beabsichtigte, Paris zur schönsten Metropole der Welt zu machen. Der französische Kaiser war berüchtigt für Macht, Pracht und liebte große Inszenierungen. Er ließ zum Beispiel das Panthéon vollenden und das bildhafte Arc de Triomphe errichten.

Napoleon Bonaparte gewann viele Schlachten und vergrößerte sein Reich um ein Vielfaches. Das erste Kaiserreich zog sich von Spanien bis hin zu den heutigen Grenzen Russlands. Jedoch verlor Napoleon sein Reich, weil Schweden, Preußen, Großbritannien, Österreich und Russland sich gegen ihn Verbündeten. Die Alliierten besetzten Paris im Jahr 1814 und vertrieben ihn ins Exil auf Elba. Er unternahm 100 Tage später den Versuch der

Zurückeroberung, wurde aber in Waterloo endgültig besiegt.

1824 regierte mit Karl X. erneut ein König, der aber 1830 nach der Julirevolution vom „Bürgerkönig" Louis Philippe ersetzt wurde. 1848 musste Louis Philippe aufgrund des Februaraufstands sein Amt niederlegen. Im selben Zug wurde die zweite Republik ausgerufen, in der der Neffe von Napoleon zum Präsidenten ernannt wurde. Nach der Volksabstimmung 1852 wurde er sogar Kaiser des zweiten Kaiserreiches. Das Jahr darauf wählte er Baron Georges-Eugène Haussmann zum Präfekten der Seine. Für die Stadtgeschichte und Stadtentwicklung von Paris war seine Zeit von enormer Bedeutung. Er setzte radikale Umbaumaßnahmen durch, wobei 20000 Häuser und Plätze seinen Ideen weichen mussten. Eine große Anzahl von Bauwerken wurden errichtet, davon unzählige Markthallen und ein paar Bahnhöfe. Unter ihm entstanden zudem neue Wasserleitungen und ein dringend benötigtes Kanalisationssystem. Im Großen und Ganzen sorgte Haussmann für Licht, Luft und Raum in Paris, jedoch musste die Arbeiterschaft aus der Innenstadt weichen, da sie sich die Mieten in den neuen Bauten

nicht mehr leisten konnten. Seine harten Umbaumaßnahmen dienten auch der besseren strategi-
schen Nutzung der Stadt bei Aufständen, vor wel-
chen sich Louis Napoleon angeblich genauso fürch-
tete wie vor Preußen. Schließlich musste auch er
sein Amt nach 17-jähriger Tätigkeit räumen, da
seine Projekte mit zu hohen Beträgen verbunden
waren.

1870 war das Jahr der dritten Ausrufung der Republik, bevor im nächsten Jahr der deutsch-französi-
sche Krieg geführt wurde, in dem sich Paris vor den
preußischen Truppen geschlagen geben musste.
Aufgrund der Schönheit der französischen Säle ver-
kündete der deutsche Kaiser das Zweite Deutsche
Kaiserreich im Spiegelsaal von Versailles.

Zwischen März und Mai 1871 regierte die Kommune, eine Gemeinschaft von Sozialisten und Kom-
munisten, die sich für eine allgemeine Volksbewaff-
nung, für eine Arbeitergenossenschaft, für die Tren-
nung von Staat und Kirche sowie für die volle Gleich-
berechtigung der Frauen einsetzte und somit nach
dem Interesse des Volkes regierte. Das missfiel der
bürgerlichen Regierung, die sich nach Versailles zu-
rückgezogen hat. Mithilfe des deutschen

Reichskanzlers wurde dann in der „blutigen Woche"
die Kommune zerschlagen, um ein Übergreifen der
Volksregierung auf das gesamte Land zu verhindern.

1889 wurde der Eiffelturm errichtet. Knapp ein
Jahrzehnt danach entstand die erste Metrolinie.
1918 wurde der Erste Weltkrieg beendet, weshalb
die Deutschen im Spiegelsaal von Versailles die Ka-
pitulation unterschrieben. 1940 übernahmen die
Deutschen Paris, die entgegen Hitlers Willen beim
Abzug die Stadt nicht zerstörten.1944 befreiten sich
die Pariser eigenständig unter der Führung des Ge-
nerals Charles de Gaulle. 1946 kam es zum Ausruf
der 4. Republik. 1946 unterschrieben Konrad Ade-
nauer und Charles de Gaulle den deutsch-französi-
schen Friedensvertrag.

1977 wurde Jacques Chirac zum Oberbürger-
meister gewählt. Die Wahl wurde zum ersten Mal direkt vom Volk durchgeführt. Dieser wurde auch später Präsident der Republik.

Kultur und Leben in Paris heute

Jeder hat bestimmt schon einmal folgende Redewendung gehört: Leben wie Gott in Frankreich. Das muss gelernt sein! Paris ist aufgrund seiner besonderen Architektur, seines vielfältigen Kulturangebots, der gallischen Kunst und der berüchtigten französischen Küche eine überaus reizvolle Metropole. Selbst Menschen, die jahrelang dort gewohnt haben, werden wieder aufs Neue von den Reizen dieser Stadt verführt. Wer eine Zeitlang das Privileg hatte, in Paris zu wohnen, wird mit Sicherheit ein Teil seines Herzens nach seiner Abwanderung zurücklassen. Die Pariser selbst gelten als stilvoll, charmant und elegant und werden weltweit imitiert. Sie gelten ebenfalls als lässig, diszipliniert, aber auch als unpünktlich, stolz und überheblich. Doch was ist das Geheimnis der Franzosen? Wieso begrüßen sie sich manchmal mit zwei Küsschen und manchmal mit vier? Obwohl Frankreich unser direkter Nachbar ist, unterscheiden uns gelegentlich Welten voneinander. Dieses Kapitel beschäftigt sich mit der Kultur und mit dem Leben der Pariser und klärt auf, wie Sie bei Ihrem nächsten Besuch interkulturelle Schocks sowie Fettnäpfchen vermeiden können.

LEBEN IN PARIS

In der „Stadt der Liebe" zu wohnen ist ohne Frage überaus interessant für Großstadtmenschen. Es sollen laut Schätzungen zwischen 20000 bis 40000 deutsche Staatsbürger im Großraum ansässig sein. Wenn es jemanden dorthin verschlägt, muss zuerst abgewogen werden, ob man in Paris oder in der „Banlieue" (=Umland) wohnen möchte. Man muss jedoch das nötige „Kleingeld" haben, wenn man sich in Paris selbst einquartieren möchte. Die französische Hauptstadt war schon immer als ein sehr teures Pflaster bekannt. Die Immobilienpreise haben in den letzten Jahren wieder einmal ein Rekordniveau erreicht, weshalb ein Großteil der Pariser die inzwischen verlangten Wohnungspreise nicht mehr zahlen kann. Die wohl luxuriösesten Wohngegenden findet man sowohl im schönen ruhigen Westen der Stadt als auch in einigen Vierteln im Zentrum. Dafür muss das Konto mehr als wohlgefüllt sein.

Normalsterbliche lassen sich in Wohnbezirke im Norden, Westen oder Süden nieder. Die Lebensqualität in den einzelnen Bezirken weisen allerdings hohe Unterschiede auf, weil es nicht nur in den Randgebieten, sondern auch in der Stadt selbst soziale Brennpunkte gibt, die man im besten Fall meiden sollte. Ein großer Teil der weniger Privilegierten hat einen Migrationshintergrund. Schon seit Jahrhunderten spielt Migration eine große Rolle. Frankreich war über einen sehr langen Zeitraum eine Kolonialmacht, weshalb eine große Anzahl an Menschen aus ehemaligen Kolonien zugewandert sind. Sowohl wirtschaftliche als auch kulturelle Aspekte sorgten dafür, dass sich Paris zu einer kosmopolitischen und multikulturellen Großstadt entwickelte. Vor dem Ersten Weltkrieg kamen Menschen hauptsächlich aus Italien, Armenien, Spanien und Polen. Nach dem Zweiten Weltkrieg waren es die Portugiesen und Einwanderer aus Schwarzafrika und den karibischen Ländern. Insgesamt sollen die Menschen in der französischen Hauptstadt aus schätzungsweise 40 verschiedenen Nationen kommen. Dabei ist zu sagen, dass sich die Aufteilung ausländischer Bürger sehr unterschiedlich in den Ortsbezirken verteilt. Während der Anteil im Westen gering ausfällt, steigt dieser in den östlichen Gebieten stetig an. Dies führte auch zu einer Veränderung des Stadtbildes. In den östlichen Gegenden wurden unzählige alte Gebäude abgerissen, um diese durch Hochhäuser zu ersetzen.

Es wundert nicht, dass so ziemlich alle Religionen in Paris vertreten sind. In etwa 70 % sind Katholiken, aber es gibt auch Protestanten, Griechisch-Orthodoxe Christen, Juden und in zunehmendem Maße auch viele Muslime.

SO TICKEN PARISER

Eine gute Stadtreise zu machen, bedeutet nicht nur, Sehenswürdigkeiten abzulaufen, sondern auch, einen Blick in die Seelen der Einwohner zu werfen, um deren Kultur und Gewohnheiten zu verstehen. Das ermöglicht einem, die prächtigen Bauten, Kunstwerke oder sogar die Stadt selbst in einer ganz anderen Perspektive sehen zu können.

Über Pariser sollten Sie wissen, dass sie eine gewisse lockere Art und ein hohes Maß an Toleranz fordern. Wie der größte Teil der Franzosen sind sie überwiegend diskret. Sie sind geübt darin, mit Menschen aller Nationalitäten zu leben, aber wahren sehr oft hinter einer oberflächlichen Freundlichkeit eine gewisse Distanz. Trotzdem sollten Sie dort Menschen, die Sie zum ersten Mal sehen, nie zu viel Lässigkeit entgegenbringen. Pariser sind bekannt für ein hohes Maß an Selbstkontrolle und ihnen ist sehr wichtig, was für ein Bild sie von sich nach außen abgeben. Wenn Sie sich davon überzeugen wollen, setzen Sie sich ein paar Stunden ins Café und beobachten Sie die Passanten. Sie werden erkennen, dass Franzosen bemerkenswert gut gekleidet sind und auf ihr äußeres Erscheinungsbild großen Wert legen. Franzosen sind ein sehr stolzes Volk und sehen es als selbstverständlich an, in ihrer Sprache angesprochen zu werden. Sprechen Sie deshalb die Pariser nicht auf Englisch an, denn sie betrachten das als unhöflich. Viele Franzosen sprechen weder Deutsch noch Englisch. Sie würden Ihnen wahrscheinlich auch nicht helfen, selbst wenn sie Ihrer Sprache mächtig wären. Probieren sie es mit: Excusez-moi, parlez-vous anglais? (= Entschuldigung, sprechen Sie Englisch?). Das erhöht Ihre Chance, Hilfe zu bekommen, um ein Vielfaches.

In Sachen Pünktlichkeit sind Pariser bekannt für ihre Unbekümmertheit. Ihnen ist es oft nicht wichtig, ob sie zu spät kommen oder nicht. Ob und wie viel später sie kommen, hängt meistens von der Wichtigkeit der Verabredung ab. Es ist total sinnlos, sich über die Verspätung zu ärgern. Gehen Sie von Anfang an mit einer Verspätung von 5-10 Minuten aus und nehmen Sie sich eine kleine Lektüre oder eine Zeitung mit, um die Wartezeit zu vertreiben. Dasselbe gilt für Öffnungszeiten einiger Geschäfte, sollten Sie einmal unerwartet vor geschlossener Tür stehen. Die Uhr in Frankreich tickt mit Sicherheit anders als die in Deutschland. Haben Sie letztendlich das Eis mit einem netten Pariser gebrochen, können Sie äußerst nette und unterhaltsame Gespräche führen. Sie haben grundsätzlich zu allen Themen etwas zu sagen. In Paris gilt bei Diskussionen: Wer das letzte Wort hat, gewinnt! Schlimm wird es auch nicht gesehen, wenn jemand dem anderen ins Wort fällt. In dieser Hinsicht beabsichtigen es Pariser immer, locker zu bleiben und nichts zu ernst zu nehmen. Wichtig ist meistens nur, wie es verpackt wird. Manche Themen sollten jedoch auf jeden Fall gemieden werden. Dazu gehören Religion, Politik, Geld und Beruf. Da können Sie schon einmal empfindlicher und ernster reagieren. Niemals sollte man das Dritte Reich ansprechen, gerade bei dieser Thematik sind Franzosen noch sehr nachtragend.

Begrüßungen in Frankreich sind eine Wissenschaft für sich. Unterschiede gibt es je nach Intimität oder lokaler Herkunft. In Paris begrüßt man sich mit zwei Küsschen, auf dem Land mit drei und im Süden können es schon einmal vier werden. Auch die Seitenwahl wird beachtet. Man fängt immer bei der rechten Seite des Gegenübers an. Kennt man sich nicht so gut, küsst man eher aneinander vorbei. Hat man zu der Person eine starke Verbindung, darf es schon einmal ein dicker Schmatzer sein.

WO GEHEN EINHEIMISCHE HIN?

Frühstück

In Paris Croissants frühstücken zu gehen, mag sich zwar kitschig anhören, ist aber definitiv die richtige Entscheidung. In den meisten Ecken der Straßen von Paris kann man einen Bäcker finden, der seine Ware selbst herstellt und nicht nur vorgerührten Teig aufbackt. Wem gute Croissants nicht ausreichen, sondern nur erstklassige Backwaren gut genug sind, kann beispielsweise ins Laurant Duchêne im 15. Arrondissement gehen.

Zu Mittag

Auch mittags kann man voller Vorfreude die Bäckereien besuchen. Dort werden auch gute Tagesgerichte und Salate zu fairen Preisen angeboten. Diese kann man dann bei gutem Wetter bei einem Picknick im Park genießen. Da ist zum Beispiel der Park am Square du Temple im 3. Arrondissement zu empfehlen. Dieser mag zwar nicht so pompös und prachtvoll sein, wie der Tuileriengarten oder der Jardin du

Luxembourg, dafür kann man aber eine heimatliche und wohlfühlende Atmosphäre genießen.

Am Feierabend

Im Zentrum am Pot Neuf befindet sich die Place Daufine. Sie wird auch die Insel der Ruhe genannt. Hier kommen die Pariser her, um die atemberaubende Atmosphäre zu genießen. Dieser Platz ist bei Touristen noch nicht allzu bekannt, weshalb er nie wirklich überfüllt ist. In Mitten des Platzes treffen sich Anwohner, um auf dem feinen Sand Boule zu spielen. Der Platz ist von alten Backstein-Gebäuden umzingelt, in dem kleine süße Cafés und Teehäuser zu finden sind.

In der Nacht

Einheimische nutzen die „Gunst der Stunde" und besuchen zu später Stunde Europas größtes Museum, den Louvre. Das bietet den großen Vorteil gegenüber dem Tagesbesuch, dass man sich ohne Lärm und große Menschenmenge auf Kunstwerke fokussieren kann. Abends teilt man sich das Museum höchstens mit ein paar Studenten und anderen wenigen Kennern. Der Louvre öffnet seine Türen mittwochs und freitags sogar bis 21:45.

SICHERHEIT

Demonstrationen

Wie die Medien in Deutschland berichteten, finden Demonstrationen und Proteste der Gelbwesten in Paris weiterhin statt. Dabei kommt es auch immer wieder einmal zu gewalttätigen Ausschreitungen, Auseinandersetzungen mit der Polizei und zu Beschädigungen von Fahrzeugen und Läden. Die Demonstrationen finden nicht jeden Tag statt, wie die meisten denken. Es wird lediglich samstags demonstriert. Auch wenn es schon einmal interessant klingt, solche Demonstrationen live zu erleben, wird Touristen aus Sicherheitsgründen davon abgeraten. Besuchern wird empfohlen, sich umsichtig zu verhalten, mit Behinderungen bei ihrer Reise zu rechnen und sich frühzeitig über Einschränkungen im öffentlichen Nahverkehr zu informieren.

Kriminalität

Wie in viele Großstädten, die viele Touristen weltweit anziehen, lauern auch hier Trickdiebe und Kleinkriminelle, die zum Ziel haben, Wertgegenstände zu stehlen. Besonders vorsichtig sollte man in den öffentlichen Nahverkehrsmitteln und im

Fernverkehr vor allem in den Nachtzügen Richtung Südfrankreich sein. Wirklich gefährlich ist es in Paris nirgendwo. Wie in jeder Großstadt sollte man das eine oder andere Viertel als Tourist meiden und auf ein paar Sicherheitshinweise achten. So sollte man beispielsweise die Vorstädte im Norden von Paris ohne Begleitung von Einheimischen meiden. Zu später Abendstunde sollte man nicht allein, vor allem nicht als Frau, durch Metrostationen wie Anvers, Pigalle oder Blanche laufen. Hier lungern nachts stark alkoholisierte Jugendliche und komische Gestalten, die den ein oder anderen Drogendeal abwickeln.

Sicherheitsempfehlungen

• In den Metros sollte man aufmerksam sein. Beobachten Sie Ihr Umfeld, um zu erkennen, wer sich in Ihrer Umgebung merkwürdig verhält. Taschendiebe kommen oft aus osteuropäischen Ländern und fallen durch ihr Aussehen auf. Kurz vor dem Schließen der Türen drängen sie sich auf und suchen den Körperkontakt.

• Halten Sie immer Ihre Taschen geschlossen und haben Sie in der Metro im besten Fall den Reißverschluss im Blickfeld.

• Halten Sie sich bei der Fahrt nicht direkt an den

Türen der Metro auf. Manche Taschendiebe entreißen Wertgegenstände kurz vor dem Schließen der Türen und verschwinden in den Massen.

• Stellen Sie Ihre Wertgegenstände nicht öffentlich zur Schau, damit Sie nicht unnötig zur Zielscheibe werden.

• Informieren Sie sich über aktuell gängige Touristenfallen. Wenn man von solchen vorher gehört hat, ist man besser darauf vorbereitet und kann angemessen und schnell darauf reagieren. Zudem verliert sich der Überraschungseffekt, der meistens für den Erfolg der Touristenfalle sorgt.

Infrastruktur und Lage

I n diesem Kapitel werden die Infrastruktur und die Lage der französischen Metropole beschrieben. Sie erfahren also, wie Sie am besten nach Paris kommen, sich innerhalb der Stadt bewegen können, was Sie dabei beachten sollten und welche Viertel bzw. Plätze sehenswert sind.

A N R E I S E

Auto

Wie schon beschrieben ist Frankreich ein klassisch zentralistisch aufgebauter Staat. Das spiegelt auch die Infrastruktur der Autobahnen wider. Hier gilt erkenntlich: Alle Wege führen nach Paris, denn die meisten Autorouten führen in die Hauptstadt. Sobald man die Grenze überfährt, bekommt man die Entfernung in Kilometern nach Paris angezeigt. Dennoch gibt es ein paar kleine Unterschiede zum Autoverkehr in Deutschland, die man beachten sollte.

Die meisten Autobahnen werden von privaten Gesellschaften geführt. Das bedeutet für Autofahrer, dass für die Nutzung der Straßen eine Mautgebühr erhoben wird. Die Höhe errechnet sich je nach Länge der gefahrenen Strecke und nach Kategorie des geführten Kraftfahrzeugs. Kategorien der Fahrzeuge unterscheiden sich je nach Größe, Gesamtgewicht und dem Bedarf, mehrspurig zu fahren. Dafür sind die Streckenabschnitte außerhalb von Paris weniger überfüllt und meistens in einem guten Zustand. Auch die meisten Raststellen sind dafür in einem äußerst sauberen Zustand und auch oft von dem französischen Architekturstil geprägt. Ähnlich wie im Parkhaus zieht man bei der Auffahrt ein Ticket aus einem Automaten. Mit diesem wird der Ausgangspunkt Ihrer Reise nachgewiesen. Deswegen sollte das Ticket unbedingt sorgfältig aufgehoben werden. Logischerweise kann es bei Verlust sehr teuer werden. Die Höhe der Mautgebühren sind gesetzlich nicht festgelegt, variieren von Betreiber zu Betreiber trotzdem kaum. Die Kosten liegen bei etwa 6 € pro gefahrenen 100 Kilometern. In den Großstädten sind die Umgehungsautobahnen kostenfrei. So würde beispielsweise die Strecke von Straßburg nach Paris mit der A4 über Reims und Metz in etwa 34 € Mautgebühr kosten. Man kann die Gebühren entweder bar oder mit Kreditkarte zahlen. Wichtig dabei ist es, sich von vorne rein an den Bezahlstationen richtig einzuordnen. Bestimmte Schalter sind für Kreditkarten vorgesehen, andere wiederum für Barzahlungen.

Auf den Wegweisern werden Raststätten bzw. Tankstellen frühzeitig angezeigt. Oft wird der jeweilige Preis des Kraftstoffs zusätzlich angezeigt. Das ermöglicht einen einfachen Preisvergleich, den man auf alle Fälle in Anspruch nehmen sollte. Denn die

Spritpreise sind ohnehin etwas teurer als bei uns zu Lande und variieren von Tanke zu Tanke auffallend stark. Da kann schon einmal eine Preisvariation von bis zu 25 Cent pro Liter zustande kommen. Möchte man zusätzlich sparen, sollte man auf das Tanken in den Großstädten verzichten und im Umland tanken. Für diejenigen, die Bleifrei tanken, wäre es zudem hilfreich, das französische Wort „sans plomb" (= bleifrei) zu kennen. Unser Biokraftstoff E10 findet man mittlerweile auch an einigen Tankstellen Frankreichs.

Vor der Anreise mit dem Kraftfahrzeug sollte man sich über die Verkehrsregeln in unserem Nachbarland gut informieren, um aus Unkenntnis höhere Kosten in Form von Bußgeldern zu vermeiden. Wie in Deutschland liegt die Promillegrenze im Straßenverkehr bei 0,5 Promille. Jedoch ist seit 2012 das Mitführen eigener Alkoholschnelltests Pflicht. Kommt man dieser Gesetzeslage nicht nach, drohen weitere Bußgelder. Solche Tests sind für wenige Euro an jeder Tankstelle zu erwerben. Es empfiehlt sich, diese schon vor der Reise online zu bestellen, um sie nicht zu vergessen und eine lange Suche einer Verkaufsstelle zu vermeiden. Motorräder sind verpflichtet, auch tagsüber das Abblendlicht einzuschalten. Autofahrer dagegen müssen es tagsüber nur bei Regen, Dunkelheit oder Schnee einschalten. Das Handy sollte auch in Frankreich nur über die Freisprechanlage bedient werden. Verstöße können auch hier sehr teuer werden. Pro Fahrzeug muss mindestens eine Warnweste mitgeführt werden, bei einer Panne sind alle Insassen verpflichtet, eine Warnweste zu tragen. Je nach Straßentyp herrschen auch verschiedene Geschwindigkeitsbegrenzungen. Auf gebührenpflichtigen Autobahnen ist es nicht erlaubt, schneller als 130 km/h zu fahren, bei Nässe sind sogar max. 110 km/h erlaubt. Auf den kostenlosen Landstraßen sollte die Geschwindigkeitsbegrenzung von 90 km/h nicht überschritten werden. Wie in Deutschland gilt innerhalb der Ortschaften die Begrenzung von 50 km/h.

Flug

Paris ist mit dem Flugverkehr optimal zu erreichen. An vielen anderen europäischen Flughäfen werden Direktflüge in die französische Hauptstadt angeboten. Die zwei Flughäfen werden von großen Fluggesellschaften wie AirFrance, Lufthansa, Eurowings oder Easyjet angeflogen. Von Deutschland aus benötigen die Flüge max. 1 Stunde und 45 min. Das „World Wide Web" bietet viele Möglichkeiten, Flugtickets schnell, einfach und günstig zu erwerben. Billige Flugtickets können über Vergleichsportale wie Skyscanner, Opodo oder billigfluege.de aus den Angeboten von Reisebüros oder Fluglinien herausgefiltert werden. Manchmal lohnt es sich sogar, direkt auf den Webseiten der Airlines zu stöbern. Je nach Datum, Strecke und Verfügbarkeit variieren die Preise. Es empfiehlt sich, immer wieder das Netz zu durchstöbern und die Hauptsaison zu meiden, um die besten Angebote zu ergattern.

Flughafen Orly

Der Flughafen Orly befindet sich ca. 9 Kilometer südlich der Hauptstadt. Hier starten und landen vorwiegend die Flugzeuge aus Europa, darunter hauptsächlich Charterairlines und Billigflieger wie Easyjet. Das Terminal Orly Süd öffnete seine Haupthallen im Jahr 1961, das Terminal West kam dann 1971 hinzu. Das Dach hat eine Aussichtsplattform integriert, die von Reisenden kostenlos genutzt werden kann. Über Busgates findet meist die Abfertigung von Passagieren statt.

Von hier aus gibt es einige Möglichkeiten, um in die Stadt zu gelangen. Eine Möglichkeit wäre es, mit dem Auto bzw. Taxi zu fahren. Je nach Ziel und Verkehrslage kann die Fahrt 30 Minuten oder länger dauern. Auch über Schnellbusse kann man in die Stadt gelangen. Busse der RATP fahren für einen Zuschlag ab Denfert-Rochereau. Auch die Air France bietet einen Busshuttle an, der ab dem Terminal des Invalides über Montparnasse Passagiere transportiert. Die Züge OrlyVAL fahren im Minutentakt zwischen den Terminals Süd und West als auch zu der RER- bzw. S-Bahnstation Anthony. Von der Station Anthony hat man zahlreiche Anbindungen in die Innenstadt. Die Züge des Flughafens werden OrlyVAL genannt, weil sie vollautomatisch fahren und keinen Fahrer benötigen. VAL steht für „Véhicule automatique léger", was auf Deutsch „leichtes automatisches Fahrzeug" bedeutet.

Flughafen Paris Charles de Gaulle / Roissy (CDG)
Der Flughafen Paris Charles de Gaulle befindet sich nordöstlich der Weltmetropole und wurde 1974 eröffnet, weil es absehbar war, dass der Flughafen Orly seine maximale Kapazität schon bald erreichen

würde. CDG ist hinter dem Heathrow Flughafen in London mit 72 Millionen Passagieren jährlich der zweitgrößte Flughafen Europas. Frankfurt ist zurzeit mit 69,5 Millionen der viertgrößte. Benannt ist der Flughafen nach dem großen General und späteren Präsidenten Frankreichs Charles de Gaulle. Der Pariser Flughafen ist ein bedeutsamer Dreh -und Angelpunkt weltweit. Er unterteilt sich in 3 Terminals. Terminal 1 ist der älteste der Terminals, er wurde schon damals bei der Eröffnung genutzt, ist das Zentralgebäude und besitzt mehrere Satelliten. Den Terminal 2 muss man nutzen, wenn man den TDV- und RER-Bahnhof nutzen möchte. Die Fernzüge erreichen von hier aus Metropolen wie London, Lyon, Marseille oder Frankfurt. Terminal 3 wird grundsätzlich für Billig- und Charterflüge gebraucht, daher ist dieses eher das komfortlose Terminal.

Vom Charles de Gaulle Airport fahren mehrere Buslinien ständig Richtung Zentrum, Disneyland und zurück. Auch hier bietet die Air France eigene Busse an, die zwischen den zwei Pariser Flughäfen und dem Zentrum verkehren. Mit der RER und der Métro wird eine weitere bequeme und günstige Alternative angeboten. Mit der Linie B erreicht man schnell und einfach die Gare du Nord und weitere Stationen des Zentrums. Der RER Zug hält sowohl in Terminal 1 als auch in Terminal 2.

Bahn

Wer Angst vorm Fliegen hat oder für wen die Fahrt mit dem Auto zu stressig ist, hat mit der Bahn eine schnelle und bequeme Alternative für die Anreise. In wenigen Stunden erreicht man von deutschen Groß-städten die französische Hauptstadt mit der Tahlys, der TGV oder dem ICE. Mit diesen Hochgeschwindig-keitszügen kommt man mit Spitzengeschwindigkei-ten von bis zu 300 km/h von Innenstadt zu Innen-stadt. Je nach Abreiseort und gewählter Verbindung kann die Reisedauer sich unterscheiden. Von Städ-ten wie Dortmund, Düsseldorf und Köln braucht der Direktzug etwas mehr als 3 Stunden. Aber auch von Städten wie Frankfurt oder Stuttgart sind unter 4 Stunden Reisezeit mit einem Direktzug möglich. Für die etwas größere Entfernung aus München werden auch nur etwa 6 Stunden in Anspruch genommen. Sucht man auch hier rechtzeitig nach einem Ticket, können Sparpreise für 39 € pro Fahrt gefunden wer-den. Außerdem werden immer einmal „Quer durch Europa" -Tickets angeboten. Zudem fahren auch

Nachtzüge für Menschen, die am liebsten nachts reisen. Tickets kann man entweder auf thalys.com oder bahn.de finden.

Ist man in Paris angekommen, hat man Anschluss an die Metro und die RER des Pariser Nahverkehrs. Von allen Bahnhöfen kann man seine Reise durch Frankreich natürlich fortsetzen, um weitere Städte kennenzulernen.

VERKEHRSMITTEL INNERHALB VON PARIS

Auto

Fahren Sie in der französischen Metropole lieber nicht mit dem Auto. Wie in den meisten Großstädten herrschen auch in der „Stadt der Liebe" im Straßenverkehr eigene Gesetze. Hier wird Ihre Geduld mit Sicherheit auf die Probe gestellt. Eine Herausforderung stellen die unausweichlichen Staus dar, die Ihnen sehr viel Zeit rauben werden. Außerdem werden Sie auch mit dem Fahrstil der Franzosen zu kämpfen haben. Hier kann es schon einmal sehr temperamentvoll zugehen. Es kann schon einmal vorkommen, dass die Verkehrsregeln hier nur als unverbindliche Hinweise aufgenommen werden, anstatt als zwingende Ge- und Verbote, was sie eigentlich auch sind. Wenn Sie sich trotzdem für das Auto entscheiden, sollten Sie unbedingt einige kleine Besonderheiten beachten. Kalkulieren Sie die Zeit mit ein, die bei langwierigen Staus und bei der nervenstrapazierenden Parkplatzsuche verloren geht. Die Parkplatzkosten sollten auch miteingerechnet werden. Diese können nämlich über den Tag hinaus sehr üppig ausfallen. Beim Parken sollte die Handbremse auch nicht angezogen werden. Pariser nutzen jeden Zentimeter beim Parken. Da kann es schon einmal vorkommen, dass sich die Stoßstangen küssen und man sein Fahrzeug den ein oder anderen Zentimeter verschoben wiederfindet. Manche behaupten, es sei nur ein Gerücht, doch riskieren sollten Sie es meiner Meinung nach trotzdem nicht. Falschparken sollte auch vermieden werden, dies kann nämlich auch überaus teuer werden. Ist der Abschleppwagen erst einmal da, nutzt auch kein Diskutieren und Klagen mehr. Es wird empfohlen, Parkhäuser aufzusuchen.

Taxis

Falls man selbst nicht mit dem Auto fährt und einem der Fahrplan des öffentlichen Personennahverkehrs zu umständlich ist, kann man sich sowohl innerhalb als auch außerhalb der Stadt in Taxis fortbewegen. Diese Variante mag zwar besonders bequem sein, aber auch außerordentlich teuer. Zudem kann sich die Suche nach einem Taxi als schwierig erweisen, da die Anzahl der Taxis aufgrund strengen Lizenzvergaben limitiert ist. Aus diesem Grund lassen sich auch Schwarztaxis finden, also Taxis, die Personen ohne Lizenzen von A nach B transportieren. Die Nutzung solcher Transportmittel ist nicht empfehlenswert. Diese sind zweifellos mit einem höheren Risiko für Betrug belastet, da sich die Fahrer nicht an offizielle Preis- und Sicherheitsrichtlinien halten. Eine modernere Alternative bietet die Plattform Uber. Uber bietet eine einfache Möglichkeit, einen Fahrer über die App auf dem Smartphone zu bestellen. Über die App können Sie sehen, welche Uber-Fahrer sich in der Nähe finden. Im Anschluss an die Bestellung bekommen Sie Informationen über Wartezeit, den eingetragenen Fahrer mit Foto und darüber, um welches Fahrzeug es sich bei dem Transportmittel handelt. Die Bezahlung können Sie sowohl bar als auch bequem über Kreditkarten und Onlinezahlservices wie Paypal tätigen. Die

Rechnung erhalten Sie mit allen Details über Ihre Email. Beachten Sie bitte, Fahrer offizieller Taxis nicht auf Uber anzusprechen, da sie oft empfindlich auf ihre innovativen Wettbewerber reagieren. Auch in Paris kam es schon zu gewaltsamen Auseinandersetzungen zwischen den Konkurrenten.

ÖFFENTLICHE NAHVERKEHRSMITTEL

Metro

Im Jahr 1900 wurde die erste Linie der Pariser Metro für die Eröffnung der olympischen Winterspiele im Bois de Vincennes in Betrieb genommen. Bis heute ist die Anzahl der Linien auf 16 angewachsen und sie durchfahren in etwa 300 Stationen. Das Pariser Metronetz gehört zu den dichtesten weltweit. Von jedem Ort ist die nächste Metrostation maximal 500 Meter entfernt. So kommt man einfach und gemütlich von Station A nach Station B. Buslinien und Straßenbahnen decken den Rest der Metropole ab. Die Linien sind von 1-16 durchnummeriert und mit einer zugeordneten Farbe gekennzeichnet. Auf der Anzeige der Züge sind immer die Liniennummer und die Haltestelle zu sehen. Vor dem Fahrtantritt sollte man sich jedoch nach der Endhaltestelle orientieren, die einzelnen Linien fahren nämlich in beide Richtungen. So kommt es schnell einmal vor, dass man in die falsche Metro einsteigt und somit in die entgegengesetzte Richtung fährt. Auch die Ausschilderungen der Bahnsteige verweisen auf die Endhaltestellen. Die Ausgänge sind mit Schildern, auf denen „Sortie" steht, zu erkennen. „Sortie" steht im französischem für „Ausgang". Man lernt das Leben der Pariser und die Stadt selbst viel besser kennen, wenn man sich wie ein echter Pariser fortbewegt und die Metro nutzt. Zudem sind einige Metrostationen von einem besonderen architektonischen Stil geprägt. So sollte man sich unbedingt Stationen wie den Place de la Concorde, Gare de Lyon, Cité, Bir-Hakeim oder dem Palais-Royal ansehen.

Stadtbusse

Die Busse des Nahverkehrs der französischen Hauptstadt werden von der RATP betrieben. Mit den Bussen erreicht man so gut wie jeden Ort des Zentrums und die naheliegenden Vororte der Metropole. Somit ist der Busverkehr ein optimales Transportmittel für Kurz- und Mittelstrecken, um die Hauptstadt zu erforschen. Buslinien, die innerhalb der

Stadt fahren, erkennt man an der zweistelligen Liniennummer, die der Vororte enthalten dreistellige Liniennummern. Der Bus als Fortbewegungsmittel bietet den großen Vorteil gegenüber der Metro, dass man spontan aussteigen kann, sobald was Ansprechendes entdeckt wird. Einzeltickets können direkt beim Fahrer erworben werden. Dieser kann bei Bedarf auch Auskunft geben. Dabei sollte man aber wieder beachten, dass man von den Fahrern weder Deutsch- noch Englischkenntnisse erwarten sollte.

RER-Réseau express régional d'Île-de-France

Die S-Bahn in Paris wird RER genannt. Im Vergleich zur Metro besitzt diese deutlich weniger Haltestellen. Das bietet sowohl Vorteile als auch Nachteile. Zum einen werden die Ziele, die etwas weiter entfernt sind, schneller erreicht, zum anderen muss man einen größeren Weg bzw. Aufwand betreiben, um solche Stationen zu erreichen, da diese weiter voneinander entfernt sind. Die Linien werden anders als bei der Metro mit Buchstaben von A-E unterschieden. Maßgeblich werden die Züge von Pendlern der Umgebung von Paris genutzt. Touristen gebrauchen die RER meist, um Ziele zu erreichen, die außerhalb des Zentrums liegen. Gut zu erreichende

Ziele sind Disneyland, Versailles oder die Flughäfen Charles de Gaulle und Orly.

FAZIT

Von dem eigenen Auto als Fortbewegungsmittel ist wegen den bereits beschriebenen Nachteilen dringend abzuraten, vor allem für Touristen, die zum ersten Mal Paris besuchen und wenig Geduld mitbringen. Taxis sind eine komfortable, aber auch eine teure Alternative. Uber bietet sich für Personen an, die offen für digitale Dienstleistungen sind. Die beste und günstigste Variante ist mit Sicherheit die Nutzung des öffentlichen Personennahverkehrs, um Paris intensiv und auf eigene Faust zu erforschen. Hier empfiehlt es sich, eine 10er Karte oder eine Mehrtageskarte zu erwerben. Mit dem (Mehr-) Tagesticket „Paris Visite" kann im Gültigkeitszeitraum (1-5 Tage) unbeschränkt mit Metro, RER, Nahverkehrsbussen, Nachtbussen (Noctilien) und mit der Standseilbahn Funiculaire von Montmartre gefahren werden. Ein weiterer damit verbundener Vorteil ist der Nachlass auf den Eintritt von 20 % bis 30 % bei einigen Sehenswürdigkeiten. Beispielsweise gibt es

44|INFRASTRUKTUR UND LAGE

Ermäßigungen im Arc de Triomphe und bei der Tour Montparnasse. Der Preis solcher Tickets variiert je nach Zone und Geltungsbereich. Für zwei nacheinander folgende Zonen bezahlt man für einen Tag beispielsweise 7,50 €. Für drei angrenzende Zonen, also 1-3, 2-4 oder 3-5, werden 10 € verlangt. Für 4 Zonen wird ein Preis von 12,40 € gefordert und um in allen Zonen den kompletten Tag fahren zu können, muss man 17,80 € zahlen.

Viertel und Plätze

Wie kaum eine andere Stadt eignet sich Paris bestens für schöne Spaziergänge. Beim Trudeln durch die Viertel der Stadt, beim Rumschlendern durch die Parks oder beim Bummeln längs der Seine kann man so manches erblicken. In diesem Kapitel bekommen Sie die schönsten Quartiers und Plätze mit ihren Sehenswürdigkeiten vorgestellt.

MONTMARTRE - DER UNWIDERSTEHLICHE CHARME DES ALTEN PARIS

Die Montmartre ist ohne Zweifel eine der meist besuchten Attraktionen der Stadt. Sie sollten in einem der schönsten Stadtviertel von Paris keinesfalls Ihren Besuch nur auf den Sacré Coeur oder den Place du Tertre beschränken. Hier finden Sie innerhalb der Stadt noch einmal eine ganz andere Welt. Paris ist groß, laut und manchmal etwas chaotisch. Montmartre ist eher wie ein kleines idyllisches Dorf. Es gibt unzählige Cafés, Bars und Restaurants. Schon damals war es als Künstlerviertel bekannt. Berühmtheiten wie Picasso und Van Gogh residierten hier. Heute ist das nicht viel anders. Unzählige Straßenkünstler und Maler haben sich bis heute hier niedergelassen und prägen dieses weltweit bekannte Quartier. Hier können Sie ein Porträt von sich malen lassen. Lassen Sie sich aber nicht von einem x-beliebigen Maler porträtieren. Einige Betrüger versuchen hier, mit ein paar Kritzeleien einfaches Kapital zu schlagen. Fragen Sie einfach nach guten Künstlern in den Gastronomien in der Gegend.

Die Tour durch Montmartre jedoch fangen Sie am besten an der Metro-Station Blanche an. Man befindet sich hier in Mitten des Rotlichtviertels, wo überall Stripclubs und Erotik-Shops zu finden sind. Hier befindet sich auch das weltberüchtigte Moulin Rouge, in dem die Can Girls schon seit dem 19. Jahrhundert auftreten. Da die Shows im Moulin Rouge sehr gefragt sind, sind die Eintrittspreise dementsprechend teuer. Je nachdem zahlt man zwischen 100 € und 400 €. Mittlerweile kann man auch gute Kombi-Angebote finden, wobei man zusätzlich Rundfahrten dazu buchen kann. Die Shows starten gegen 21 und 23 Uhr. Tagsüber ist die Gegend nicht allzu besonders, da die meisten Etablissements erst abends öffnen.

Auf Ihrer Tour sollten Sie auch das Café des Deux Moulins besuchen. Dieser Laden wurde durch den Film „die fabelhafte Welt der Amelie" berühmt. Das Café ist nicht mehr so schön, wie es damals während den Dreharbeiten war. Auch die Toiletten sind etwas heruntergekommen. Aber als Amelie-Fan sollte man den Gang zur Toilette trotzdem wagen. Dort befindet sich nämlich ein Schaukasten mit Requisiten des Films. Der Laden öffnet seine Türen die ganze Woche von 7:30 bis 2 Uhr morgens.

In der Rue Lepic soll es in der Konditorei Les Petits Mitrons die besten Tartes der Stadt geben. Allein das Schaufenster lädt mit seinen unwiderstehlichen Leckereien zu einem Besuch ein. Mit etwas Sprachkenntnissen und Geschick können Sie sich durch das Sortiment probieren, bevor Sie sich für eine Leckerei Ihrer Wahl entscheiden. Sie können diesen kleinen schnuckligen Laden von Donnerstag bis Dienstag von 7 bis 19:30 besuchen.

Am Platz Marcel Aymé angelangt, schauen Sie sich den Mann an, der durch die Wand gehen kann. Diese Skulptur wurde von dem bekannten Bildhauer Jean Marais erschaffen, der die Figur aus dem Novellenband seines Freundes Marcel Aymé, dem berühmten Schriftsteller, nach dem der Platz benannt wurde, verewigen wollte. Beide wohnten hier an diesem Ort.

In der Rue Cortot kann man das Museum von Montmartre besuchen, welches sich in einem der ältesten Häuser des Viertels Montmartre befindet. Hier wird man über das Leben der Bohemiens, der Künstler und über die Geschichte Montmartres aufgeklärt. Hier kann man sich alles in Ruhe, abseits von

Touristenmassen, anschauen. Zudem hat man vom Garten aus eine wunderbare Aussicht auf die Weinberge von Montmartre. Montags bis sonntags kann man dieses Museum von 10-19 Uhr besuchen.

Die Basilika Sacre Coeur sollte auch unbedingt besucht werden. Die Zuckerbäckerkirche gilt als eines der beliebtesten Wahrzeichen der Franzosen und der Touristen. Die Kirche steht auf einem kleinen Hügel und besitzt die Besonderheit, bei Kontakt mit Regen weiß zu werden. Mit fast 500 qm gehört dieses Gebäude zu den größten Mosaiken der Welt. Für die Fertigstellung wurden ganze 22 Jahre benötigt. Auch die Orgel soll zu den beispiellosesten der Welt gehören. Ursprünglich wurde sie für einen Baron produziert, bevor sie über Umwege letztendlich hier landete. Von der Kuppel aus hat man eine atemberaubende Aussicht. Diese erreicht man über schmale Gänge und eine Treppe mit über 300 Stufen. Die Basilika öffnet ihre Toren an jedem Tag der Woche von 6 bis 22:30 Uhr.

Sobald man die Sacre Coeur besucht hat, sollte man sich im Anschluss das Place du Tertre anschauen, das in direkter Nachbarschaft zu der Zuckerbäckerkirche liegt. In diesem Künstlermarkt sitzen zahlreiche Künstler, Karikaturisten, Maler und Porträtisten Kopf an Kopf. Diese werden alle jährlich sorgsam von der Stadt ausgewählt. Ein Kunstwerk kostet in etwa 50 €, was ein fairer Preis ist. Den meisten kann man sogar bei der Fertigstellung der Gemälde zuschauen. Jeder von ihnen besitzt einen einzigartigen und erkennbaren Stil. Das sollten Sie sich auf keinen Fall entgehen lassen.

LA DÉFENSE

Das neuzeitliche Hochhausviertel befindet sich westlich am Rand von Paris. Hier haben sich unzählige Großunternehmen niedergelassen, vor allem aus der Finanzbranche. Hier sind zudem viele Hotels-, Tagungs- und Kongresszentren zu finden. La Défense ist bei Arbeitnehmern dieser Gesellschaften wegen der Nähe zum Arbeitsort ein sehr nachgefragter Wohnort. Durch das Zentrum der La Défense verläuft eine breitgefächerte Fußgängerzone. Der RER-Bahnhof und die Metro befinden sich unterirdisch an der Grande Arche, wo sich auch ein riesiges Einkaufzentrum befindet. Somit ist diese Ortschaft ideal zum Arbeiten, Shoppen und zum Betrachten der modernen Bauten und Hochhäuser. Für Touristen, die nur dem Charme des typisch alten architektonischen Stils verfallen sind, eignet sich dieses Viertel aufgrund des starken Kontrastes der modernen Betonoptik nicht.

DAS QUARTIER LATIN

Das Quartier Latin ist bekannt als das traditionelle Studentenviertel der französischen Hauptstadt. An der Universität wurde hier über einen langen Zeitraum Latein gelehrt. Daher stammt die Namensgebung. Früher wohnten hier hauptsächlich Studenten. Da die Preise in die Höhe schossen, können sich heute nur noch wenige Studenten das Leben hier leisten. Nichts desto trotz verkehren hier immer noch viele Studierende, die hier zahlreiche Universitäten, Bars, Restaurants und Kinos besuchen.

Die Rue de la Harpe erstreckt sich zwischen Quartier Latin und der Seine. Sie ist geprägt von ihren kleinen Gassen, die so eng sind, dass hier keine Autos mehr fahren, obwohl es sich hier um die Stadtmitte handelt. An der Rue de la Harpe und der Rue la Houchette gibt es viele minimalistische Läden, in denen man Postkarten, Kunstdrucke oder Poster als Andenken kaufen kann. Gegen Abend sammeln sich die Massen, denn hier reihen sich Restaurants, Bars und einige beliebte Gyrosstände aneinander. Diese Gegend ist mit Sicherheit einer der entzückendsten Orte in Paris.

In der Rue Mouffetard gibt es noch viele Häuser aus dem 16. bis 18. Jahrhundert. Das macht sie zu einer der ältesten Straßen in der Metropole. Auch hier öffnen gegen Abend zahlreiche gemütliche Restaurants sowie kuschlige Cafés und Bars, in denen man mit einem genüsslichen Wein den Tag ausklingen lassen kann. Diese Gegend bietet sich optimal an, um einen guten Einblick in die Pariser Kultur fernab von den Touristengebieten zu bekommen.

Der historische Mittelpunkt des Zentrums des Lernens, des Geistes und der Kunst beherbergt außerdem einige Wahrzeichen, die man unbedingt kennenlernen sollte.

Darunter fällt das Panthéon. Gebaut wurde dieses Gebäude als Kirche zwischen 1764 und 1790 unter Louis XV. Zur Ruhmeshalle Frankreichs wurde das Panthéon nach der französischen Revolution. Hier ruhen Berühmtheiten und Gründungsväter des

Landes wie Jean-Jacques Rousseau, Marie Curie, Victor Hugo oder Voltaire. Zudem brachte hier Jean Bernard León Foucault sein Pendel an und bewies die Erdrotation damit. Ist man mit dem Panthéon fertig, sollte man einen Blick hinter das Gebäude auf die bezaubernde Kirche St-Étienne-du-Mont werfen.

Hier findet man auch die älteste Universität der Stadt. Sie wurde schon im Jahre 1257 gegründet. Noch heute übt sie ihre Funktion als Universität aus und veranstaltet Vorlesungen, Kurse und Seminare – zum Leid der Touristen, da hier nur Studierende, Dozenten und Universitätsangehörige geduldet werden. Hier studierten einige der wichtigsten Persönlichkeiten des Landes, darunter Thomas von Aquin, Simone de Beauvoir, Peter Scholl-Latour sowie Pierre und Marie Curie.

Das Musée National du Moyen Âge ist auch sehr empfehlenswert. Dieses befindet sich genau an den gallorömischen Thermen der früheren Siedlung Lutetia. Einer der zu nennenden Höhepunkte ist definitiv das Objekt "die Dame und das Einhorn", eine Serie von sechs Wandteppichen aus dem 15. Jahrhundert, die sich seit 1882 im Besitz des Musée National du Moyen Âge befindet.

Die Arena von Lutetia gehört zu den letzten Erben aus der früheren gallorömischen Zeit. Sie stammt aus dem 1. Jahrhundert und ist damit eines der ältesten bestehenden Bauwerke der französischen Hauptstadt.

PLACE VENDÔME

Place Vendôme ist einer der prächtigsten und königlichsten Plätze der Stadt – die perfekte Umgebung der Edel-Boutiquen und Standort für luxuriöse Marken und pompöse Hotels wie das Ritz. Hier gastierte Königin Diana kurz vor ihrem Tod. Dieser Platz ist umrandet von klassizistischen Fassaden, die bis zum 16. Jahrhundert gebaut wurden. Im Mittelpunkt des Platzes ragt die 44 Meter hohe Triumph-Säule heraus, die 1810 errichtet worden ist. Auf ihrer Spitze befindet sich die Statue von Napoléon I. im Stil eines römischen Herrschers. Die Säule besteht aus Bronze der Kanonen, die bei der Schlacht von Austerlitz errungen wurden.

PLACE DE LA BASTILLE

Nach der französischen Revolution wurde die Bastille abgerissen. Heute steht hier stattdessen die Collone de Juillet und direkt davor steht die Säule der neuen Oper von Paris. Diese trägt auch den Namen Neue Oper von Paris. Unterirdisch des Platzes verläuft der Canal St. Martin. Die Bastille ist eine starke Festung in Form einer Burg, die zuletzt als Gefängnis genutzt wurde. Zu den bekanntesten Insassen gehören Voltaire und Marquis de Sade. Wie vorher im Kapitel „Geschichte" erwähnt, wurde la Bastille am 14. Juli 1789 gestürmt, was der Beginn der französischen Revolution war. Dieser Tag wird heute als Nationalfeiertag gefeiert. Die Opéra Bastille wurde erbaut, um die Alte Oper zu entlasten, und zur Erschaffung einer moderneren Oper. Diese wurde von dem Architekten Carlos Ott konstruiert und öffnete 1989 zum ersten Mal ihre Tore.

PLACE DE LA CONCORDE

Der größte Platz der französischen Metropole ist der Place de la Concorde. Dieser liegt zentral in unmittelbarer Nähe des Jardin des Tuileries und der Avenue des Champs Elysées im 8. Arrondissement. Auch von Weitem gut erkenntlich ragt der 22 Meter hohe Obelisk in der Mitte des verkehrsintensiven Platzes heraus. Im Jahr 1833 wurde dieser von Luxor nach Paris transportiert. Dieses 3000 Jahre alte Objekt war ein Geschenk der Ägypter an die französische Regierung. Am Unterbau ist bis heute die Kennzeichnung erkenntlich, die den Transport und die eingesetzte Technik darlegt.

1755 hieß der Platz Place Louis XV. Damals stand noch die Reiterstatue von Ludwig XV. dort, bevor diese während der französischen Revolution ruiniert wurde. Die Guillotine, eine Köpf-Maschine, stand zudem an diesem Platz. Hier wurden König Louis XVI. und seine Frau Marie-Antoinette öffentlich hingerichtet. Nach 1795 wurde dieser Platz zu Place de la Concorde umbenannt. Wenn Sie durch den Place de la Cocorde laufen, schauen Sie auf den Boden. Dort werden Sie einige Linien und römische

Zahlen erkennen können. Bei dieser Skizzierung handelt es sich um die Skizzierung einer riesigen Sonnenuhr. Mit dem Schatten des Obelisken kann die Zeit abgelesen werden. Jede Stunde bewegt dieser sich eine römische Ziffer weiter. Zudem gibt es zwei enorme Brunnen auf diesem besonderen Gelände. Der sogenannte Brunnen des Meeres ist mit Motiven des Mittelmeers, des Atlantiks und der Fischerei gekennzeichnet. Die Wasserquelle der Flüsse dagegen weist Motive der Flussschiffahrt auf dem Rhein und der Rhône auf. Die Idee und die Inspiration kamen von den Plätzen Navona und San Pietro in der italienischen Hauptstadt. Auf jenen steht ebenso ein Obelisk neben solchen Wasserquellen bzw. Brunnen.

VIERTEL LE MARAIS UND PLACE DES VOSGES

Seinen Namen Marais (= französisch für „Sumpf") bekam das Viertel durch den Sumpf, der sich hier befand und im 13. Jahrhundert trockengelegt worden ist. Dieser Punkt ist heute der Mittelpunkt des alten Paris. Früher war diese Ortschaft die favorisierte

Niederlassung des Adels. Beim Flankieren können pompöse Hotels der Adligen, winzige Häuschen damaliger Handwerker und die Niederlassung des Tempelritterordens begutachtet werden. Wie in einigen Vierteln in Paris ist auch dieses geprägt von engen Straßen, in denen sich auch einige Cafés, Bars, Kunstgalerien, Boutiquen und ein paar schnuckelige Lebensmittelgeschäfte befinden. Hier befindet sich ebenfalls das Picasso in der Rue Thorigny und das "Arts et Métiers" Technikmuseum, die ohne Zweifel ein Besuch wert sind. Dieses Quartier ist bekannt als das historische Zentrum des jüdischen Lebens der Stadt.

Trotz wiederholender Vertreibung und Verfolgung ließ sich die jüdische Gemeinschaft hier immer wieder nieder. Hier befindet sich außerdem die Synagoge der „Rue Pavée". Diese wurde 1913 von einem Großmeister des Jugendstils erbaut, bevor sie im Zweiten Weltkrieg von antisemitischen Nazi-Kollaborateuren zerstört wurde. Heute ist die 12 Meter lange Fassade vollständig restauriert, steht unter Denkmalschutz und kann zu besonderen Anlässen besucht werden. Geprägt von der jüdischen Tradition schließen die Geschäfte hier am Sabbat und öffnen sonntags. Falafel-Liebhaber sollten hier ohne Zweifel in einem der beliebten Restaurants essen gehen. Der wunderschöne Place des Vosges bietet sich optimal an, neben unzähligen Parisern zu faulenzen und die Sonne zu genießen. In den 90er Jahren hat sich das Marais zum kleinen Homosexuellen-Szene-Viertel entwickelt. Hier ist definitiv immer etwas los und es darf in der Reiseplanung nicht fehlen.

UFER DER SEINE

Mitten durch die französische Hauptstadt verläuft die Seine, die sich immer wieder für Spaziergänge lohnt. Auf der Ile de la Cite befindet sich „am Ende der Weide", die sich bestens zum Picknicken oder zum Betrachten des Sonnenuntergangs und der Geschehnisse am Fluss eignet, abseits des Chaos der Stadt. Ein echter Geheimtipp! Nicht weit der Weide steht die Pont Neuf. Sie wurde im 16. Jahrhundert gebaut und ist damit die älteste Brücke der Metropole. Zudem reihen sich am Ufer der Seine eine Sehenswürdigkeit nach der anderen.

Eiffelturm

Eine Sehenswürdigkeit, die bei keinem Besuch der französischen Metropole fehlen darf, ist das Herzstück der Stadt: der Eiffelturm. Dieser wurde vom Bauunternehmer Gustave Eiffel im Jahr 1989 zur Hundertjahresfeier der französischen Revolution errichtet. Etwas Enormes und Großes mussten her. Mit seinen 324 Metern war er damals das mit Abstand größte Bauwerk der Welt. Früher von vielen verteufelt, gilt es heute als Touristenmagnet. Auf einer Höhe von 58 Metern befindet sich das erste Stockwerk, welches Platz für 3000 Personen beherbergt. Hier kann man im Restaurant 58 Tour Eiffel ein romantisches Picknick-Dinner zu sich nehmen.

Hier findet man auch den Kinosaal Cineiffel, ein Souvenirladen und eine Postannahmestelle, von der Sie die Postkarten direkt an Ihre Lieben versenden können. Im zweiten Stock befindet sich das luxuriöse Jules Verne, in dem bis zu 95 Gäste zeitgleich bedient werden können. Man befindet sich hier auf einer Höhe von 123 Metern. Um einiges höher ist mit 276 Metern das dritte Stockwerk, das zu den höchsten Aussichtsplattformen Europas gehört. Möchte man sich den Eiffelturm nicht nur von unten anschauen, sollte man auf alle Fälle die Tickets vorher online kaufen. So spart man sich Unmengen an Zeit und Nerven und findet im Optimalfall günstige Kombitickets mit Führung.

Louvre

Die meisten kennen den Louvre, aber was sich wirklich alles hinter der kulturellen Goldgrube befindet, wissen nur wenige. Für alle, die nicht wissen, um was es sich beim Louvre handelt: Es handelt sich hierbei um ein Museum, eines der Wahrzeichen der Hauptstadt. Die ehemalige Residenz der Könige verteilt sich auf einer Ausstellungsfläche von mehr als 60.000 Quadratmetern, in dem in etwa 380.000 Werke ausgestellt werden. Die Fläche entspricht fast 9 Fußballfeldern, was den Louvre zum drittgrößten Museum weltweit macht. Ursprünglich ließ König Philippe II. Auguste den Louvre im 12. Jahrhundert als Festung zum Schutz vor Eindringlingen und Feinden erbauen. Im Laufe der Jahrhunderte wurde dieser wiederum zum Palast und zur Residenz der französischen Herrscher umgewandelt und erweitert. Nachdem der Sitz der Könige im 17. Jahrhundert nach Versailles umgesiedelt worden ist, übernahm die Stadt das Bauwerk und nutzte es auf verschiedenste Weise. Zum ersten Mal als Museum wurde es nach der französischen Revolution genutzt, in der die konfiszierten Gemälde des Adels zur Schau gestellt wurden. Diese Art der Nutzung war jedoch nur von kurzer Dauer. 11 Jahre später wurde das Museum geschlossen und Napoleon Bonaparte machte den Louvre zu seinem Wohnsitz. Schlussendlich öffnete der Louvre 1873 seine Tore als Museum und wird bis heute noch zu diesem Zweck genutzt. Die letzte Renovierung wurde in den 80ern durchgeführt. 1989 wurde die gläserne Pyramide gebaut und dient seitdem als Eingangshalle. Der Eintritt kostet heute 15 €. Jugendliche unter 18 Jahre, EU-Bürger bis einschließlich 25 Jahre, Arbeitslose, behinderte Personen und deren Begleitpersonen zahlen keinen Eintritt. Sollten Sie zu einer dieser Personengruppe gehören, müssen Sie verständlicherweise einen Nachweis erbringen. An den ersten Sonntagen zwischen Oktober und März und am Nationalfeiertag haben alle Besucher kostenlosen Zutritt.

Notre Dame

Die Notre Dame ist eine der berühmtesten und meist aufgesuchten Kathedralen der Welt. Sie steht im

Zentrum der Hauptstadt auf der „Ile de la Cité". Hier wohnten die ersten Pariser Bewohner. Vor der Kathedrale stand damals ein anderer Tempel. Dieser war der römischen Gottheit Jupiter gewidmet und wurde mit der Verbreitung des christlichen Glaubens durch christliche Kirchen ersetzt. Im 12. Jahrhundert wurde mit dem Bau der Kathedrale Notre Dame begonnen. Die Bauarbeiten dauerten in etwa 200 Jahre an, weshalb ihr Bauwerk von mehreren Baustilen sichtbar geprägt ist.

Mit der französischen Revolution verlor die Notre Dame ihr großes Ansehen. Zu dieser Zeit wurden die meisten Kirchen von den Revolutionären entweder zerstört oder in einen Tempel der Vernunft umgewandelt. Damals hätte nämlich der komplette christliche Glaube von dem Tempel der Vernunft ersetzt werden sollen. Der Zustand der Kathedrale trug aufgrund des Wandels schwere Schäden davon. Für die Krönung des Napoleons wurden die Schäden mit Fahnen und Teppichen abgedeckt. Man war kurz davor, die Notre Dame abzureißen. Diese folgenschwere Fehlentscheidung wurde Dank des Romans „Der Glöckner von Notre Dame" des bekannten Autors Victor Hugo verhindert. Das

Ansehen der Kathedrale wuchs durch den Roman wieder, weshalb sie komplett saniert worden ist. Hier steht einer der beachtlichsten Orgeln der Welt. Sie besteht aus ganzen 8000 Orgelpfeifen. Einige Bestandteile der Orgel sollen sogar noch aus dem Zeitalter des 18. Jahrhunderts stammen.

Leider ist am 15. April 2019 im Dach der Kathedrale ein Feuer ausgebrochen. Die Schwere der Folgen ist der Öffentlichkeit wahrscheinlich nicht wirklich bekannt. Laut offiziellen Berichten sollen das Dach, der Dachstuhl, die gotische Turmspitze, Teile des Innenraumes und der Kunstsammlung ruiniert worden sein. Die Dornenkrone, das Gewand von Saint-Louis, die Glocken, der Altar und die große Orgel sind, Gott sei Dank, unversehrt geblieben. Auch die Bienenbevölkerung auf den Türmen der Notre Dame haben das Feuer überleben können. Schnell konnte über eine Milliarde Euro an Spenden gesammelt werden. Vorerst bleibt die Notre Dame auf unbekannte Zeit geschlossen. Es wurde bekanntgegeben, dass die Renovierungsarbeiten ca. 5 Jahre andauern. Experten sehen selbst diese langjährige Prognose kritisch. Laut ihnen sollen die Arbeiten bis zu 10 Jahre andauern.

Ausflüge in der Umgebung

In diesem Kapitel werden Ihnen Sehenswürdigkeiten vorgestellt und beschrieben, die zwar nicht innerhalb von Paris liegen, aber mit denen die Metropole weltweit in Verbindung gebracht wird aufgrund der umliegenden Lage. Falls Sie ein paar Tage für Ihre Städtereise mit einplanen können, sollten Sie die Metropole nicht verlassen, ohne einen Tagesausflug zu diesen Wahrzeichen gemacht zu haben.

DAS SCHLOSS VERSAILLES

Zunächst sollte das Schloss Versailles nur als Jadschloss dienen, ehe es von dem „Sonnenkönig" Ludwig XIV. ausgebaut wurde und zu einer der prächtigsten Schlossanlagen der Welt wurde. 1682 verlegte er seinen Regierungssitz dorthin. Das majestätische Versailles bot dem König die perfekte Gelegenheit, seine Macht und sein Reichtum zu präsentieren.

Die Schlossanlage befindet sich etwa 20 km südwestlich von Paris und zieht jährlich Millionen von Touristen an. Alle Räume sind prachtvoll dekoriert und geschmückt mit Gold, Stuck und Samt. Doch der edelste und verblüffendste Raum ist der Spiegelsaal von Versailles. Dieser allein beinhaltet 357 Spiegel, die den Saal noch größer erscheinen lassen, als er wirklich ist. In der sogenannten "Galerie des Glaces" verkehrten Adlige, die hofften, dem König positiv aufzufallen und zu gefallen. Dem König diente dieser riesige Saal dafür, unbeliebte Teilnehmer zu meiden. Schön anzusehen ist zudem die Schlosskapelle mit ihren künstlerischen Fresken und das Opernhaus, das zum Anlass der Hochzeit von Louis XVI. und seiner Marie Antoinette errichtet worden ist. Bevor man das Anwesen betritt, wird die grandiose Gartenanlage mit ihren 715 Hektar auffallen. Unzählige Gärtner und Spezialisten der Forstwirtschaft kümmern sich um die Instandhaltung und Pflege der Anlage. Der Park ist in drei große Bereiche aufgeteilt. Er besteht aus den Parterres am Schloss, aus dem „le Petit Parc" – der Boskette – und zu guter Letzt aus dem Jadwald „Le Grand Parc". Im Sommer bei gutem Wetter ist es die beste Gelegenheit, die Anlage bei einem Spaziergang kennenzulernen. Besuchen Sie dabei die kleinen Schlösser, die zur Einrichtung gehören. Dazu zählen die Lustschlösser Grand Trianon, das Petit Trianon und vor allem das Hameau de la Reine, ein kleines Dorf, das für die Königin Marie Antoinette gebaut wurde. Dafür sollte aber reichlich Zeit eingeplant werden, da die gesamte Fläche des Schlosses wie oben beschrieben riesig ist.

Im Sommer finden an den Wochenenden, jeweils am Mittag und am Nachmittag, die Großen Wasserspiele statt. Diese sind manchmal in dem Eintrittsticket inkludiert. Zudem werden nächtliche Wasserspiele veranstaltet. Diese zeichnen sich durch die glanzvolle Beleuchtung der Fontänen und

Brunnen sowie dem Feuerwerk über dem Grand Canal aus.

Kleiner Tipp: Schauen Sie sich den Film „Marie Antoinette" von Sofia Coppola an. Die Verfilmung mit Kirsten Dunst ist sehr hilfreich, den Palastalltag dieser Zeitepoche besser zu verstehen und das Versailles mit anderen Augen zu betrachten. Das Schloss Versailles befindet sich in Place d'Armes, 78000 Versailles. Diese Ortschaft ist gut mit der RER zu erreichen.

DISNEYLAND RESORT PARIS

Das Disneyland Resort Paris lädt ein, Helden und Prinzessinnen aus der Kindheit zu treffen. Ob Figuren von Mickey Mouse, Cinderella, Fluch der Karibik oder Peter Pan, hier ist für jeden etwas aus seiner Kindheit dabei. Der Park besteht aus zwei weiteren Parkanlagen, dem Walt Disney Studios Park und dem Disneyland Park. In beiden werden unzählige Fahrgeschäfte, Shows und Paraden angeboten. Neuerdings wurde ein Ticketsystem installiert, das die langen Wartezeiten reduzieren soll. Am Eingang kann ein Fast-Ticket mit einer bestimmten Uhrzeit gezogen werden. Während dieser Zeit ist es einem erlaubt, den abgetrennten Fastpass-Eingang zu gebrauchen.

Die große Parade der Walt Disney Stars wird jeden Tag auf der Hauptstraße veranstaltetet und bietet die beste Möglichkeit, alle seine Stars auf einem Haufen zu sehen. Aber auch unabhängig der Parade bietet sich die Chance, gemeinsame Fotos zu machen oder ein Autogramm zu bekommen. Innerhalb des Geländes oder in der näheren Umgebung befinden sich einige Hotels und Unterkünfte. Bewohner des Disneylands bekommen einen längeren Einlass in die Parkanlage sowie einen Fastpass. Diese sind aber meist mit einem höheren Preis verbunden.

Auch dieser Ort ist gut mit der RER zu erreichen. Zudem fahren auch die Hochgeschwindigkeitszüge Eurostar, Thalys oder die TGV die Haltestelle am Park an.

Restaurants

Obwohl die Auswahl an Restaurants in Paris sehr groß ist, fällt es oft nicht leicht, ein passendes Restaurant zum Lunch oder Abendessen zu finden. Als Tourist möchte man nicht in die klassische Touristenfalle tappen und überteuertes, schlechtes Essen serviert bekommen, sondern in Restaurants mit authentischer Küche speisen. In diesem Kapitel bekommen Sie drei Restaurants mit verschiedenen Preisklassen geboten.

LE CINQ

31 Avenue George V | Four Seasons Hôtel George V, 75008 Paris, Tel.: +33 1 49 52 71 54, www.restaurant-lecinq.com

Das Le Cinq gehört zu den Klassikern in der französischen Restaurant-Szene und ist ein echtes Erlebnis für den Gaumen. Das Restaurant ist mit drei Michelin-Sternen ausgezeichnet und die Innenräume erinnern auf den ersten Blick an ein zweites Schloss Versailles. Je nach Menü und Tageszeit variieren die Preise zwischen 145 Euro für ein Vier-Gänge- und stolzen 330 Euro für ein Neun-Gänge-Menü. Eine Tischreservierung ist dringend nötig.

LES PAPILLES

30 rue Gay Lussac, 75005 Paris, Tel.: +33 1 43 25 20 79, www.lespapillesparis.fr

Nahe des Jardin du Luxembourg befindet sich das Les Papilles – ein kleines klassisches französisches Bistro mit gemütlicher Atmosphäre und sehr leckerem Essen. Das tagfrische Drei- bis Vier-Gänge-Menü erinnert an einen Mix aus Pariser Bistrostil und südfranzösischer Küche. Zwar gibt es keine richtige Auswahl an Essen, da täglich nur ein Menü angeboten wird, jedoch ist das hervorragende Weinangebot umso üppiger. Man kann sich seine Weinflasche selbst aus dem Schrank holen. Die Preise für das Menü liegen mit ca. 40 Euro (drei Gänge) im mittelständigen Preissegment.

LA BÉCANE À GASTON

24 rue Lucien Sampaix, 75010 Paris, Tel.: +33 9 80 73 22 98, www.labecaneagaston.fr

In der Nähe des Canal Saint-Martin ist das Restaurant mit gemütlichem Bahnhofshallen-Flair zu finden. Neben reichhaltigem Brunch am späten Morgen kann man hier auch lecker und zudem äußerst preiswert seinen Abend verbringen. Das Preis-Leistungs-Verhältnis ist hier nicht zu toppen, was neben zahlreichen Einheimischen natürlich auch viele Touristen anzieht. Obwohl das Restaurantkonzept eher simpel gehalten ist, ist der Laden immer sehr gut besucht und Reservierungen vorab sind nicht möglich, weshalb es zu mancher Tageszeit zu kurzen Wartezeiten kommen kann. Je nach Menü bekommt man hier das Drei-Gänge-Menü für zwei, inklusive einer Flasche Wein für ca. 60 Euro.

TIPPS

• Essen in den großen überfluteten Straßen ist nicht empfehlenswert. Die Preise, die hier zum Teil gefordert werden, sind abnormal! Suchen Sie nach kleinen Lokalen ein paar Straßen weiter. Diese sind meistens nicht nur günstiger, sondern bieten eine deutlich bessere Küche.

• In Deutschland ist der Kunde König. Anders läuft es in Frankreich. Hier halten sich die Kellner für die Könige.

• Sie sollten sich hier nicht einfach an einen Tisch setzen. Hier weist Ihnen der Kellner den Tisch zu. Sobald sein Blick nur etwas in Ihre Richtung geht, sollten Sie schnell mit „Bonjour" oder „S'il vous plaît, Monsieur" reagieren. „Garcon" sollte unbedingt vermieden werden, weil das als respektlos interpretiert wird.

• Kommt der Kellner an den Tisch, sollten Sie Ihre Bestellung so schnell wie möglich abgeben. Verplempern Sie nicht seine Zeit.

Unterkünfte

Die Suche nach dem perfekten Hotel in Paris kann sehr beschwerlich sein. Es gibt zwar an jeder Straßenecke Unterkünfte zu finden, jedoch variieren diese in ihrem Preis-Leistungs-Verhältnis sehr stark und auch nicht jede Gegend in Paris ist empfehlenswert. Grundsätzlich finden Sie eine große Auswahl an Hotels mit Zimmerpreisen zwischen 100 - 300 Euro pro Nacht. In diesem Preissegment kann die Qualität der Zimmer jedoch sehr schwanken, weshalb man unbedingt auf die Bewertungen der Hotels achten sollte. Diese können online beispielsweise auf der Seite www.booking.com

eingesehen werden. Zudem bietet das digitale Portal Airbnb Zimmer bzw. Wohnungen an, wenn man keinen weiteren Service benötigt.

Für den etwas größeren Geldbeutel findet man sicherlich sehr schöne, luxuriöse Hotels auf der Champs-Élysées und Umgebung. Shopping, Museen und zahlreiche Sehenswürdigkeiten sind von hier aus gut zu erreichen. Ideal für einen bodenständigen Besuch in Paris ist jedoch die Gegend um Notre Dame und Saint Michel. Die zentrale, jedoch teilweise sehr touristische Gegend bietet neben günstigen Restaurants und Bars zahlreiche beliebte Sehenswürdigkeiten, die fußläufig erreichbar sind. Hotelempfehlungen in dieser Gegend sind folgende:

HOTEL ESMERALDA

4 rue Saint-Julien Le Pauvre, 05. Arrondissement - Quartier Latin, 75005 Paris

Gut und günstig für die tolle Gegend. Das Doppelzimmer bekommt man hier ab 120 € pro Nacht.

HOLIDAY INN PARIS NOTRE DAME

4 rue Danton, 06. Arrondissement - Saint-Germain, 75006 Paris.

Das Doppelzimmer gibt es hier ab 170 €. Ein besonderer Tipp, da das Hotel eine Dachterrasse mit unglaublichem Blick auf den Notre Dame besitzt.

RELAISE CHRISTINE

3 Rue Christine, 06. Arrondissement - Saint-Germain, 75006 Paris

Wer es doch etwas luxuriöser haben möchte, sollte im Relaise Christine absteigen. Das Fünf-Sterne-Hotel besticht mit seinem Charme und dem 150 qm großen idyllischen Garten im Herzen von Paris.

Fazit

Die französische Hauptstadt ist immer noch einen Besuch wert und für jeden ist etwas dabei! Es gibt unzählige Sehenswürdigkeiten, die von einer faszinierenden Geschichte geprägt worden sind, wunderschöne Parks und Viertel, die zum spazieren einladen, Freizeitparks für Ausflüge, Einkaufzentren und zahlreiche luxuriöse Boutiquen zum Shoppen. Wenn man Paris wirklich kennenlernen möchte, sollte man sich mit den Menschen, der Kultur und der Geschichte beschäftigen. Aufgrund der großen Auswahl sollten auch ein paar Tage für die Städtereise eingeplant werden. Im Allgemeinen ist die französische Metropole sehr teuer, aber mit ein paar Tricks lassen sich auch schöne Tage mit weniger Ausgaben verbringen. Auch die Sicherheit ist so weit es geht gewährleistet, wenn man ein paar Sicherheitsmaßnahmen beachtet.

Herstellung und Verlag:

BoD – Books on Demand, Norderstedt

ISBN: 9783750498372

1. Auflage

Kontakt: Psiana eCom UG/ Berumer Str. 44/ 26844 Jemgum

Covergestaltung: Fenna Larsson

Coverfoto: depositphotos.com